AMOR VIRTUAL

Esta podría ser tu historia

CRISTINA MARTÍNEZ G.

Título: Amor virtual: esta podría ser tu historia

Copyright © 2021 Cristina Martínez G.

ISBN: 9798830538770

Todos los derechos reservados.

DEDICATORIA

Dedico este libro a todas y cada una de las mujeres y hombres que hayan vivido la experiencia de un "amor virtual" y se sientan identificados con esta historia sin importar la edad, nacionalidad o denominación religiosa.

Una mención especial a cada una de mis entrañables amigas que vivieron conmigo esta experiencia a corta y larga distancia. Mis amadas amigas y hermanas por elección Verónica Ramírez, Rosy López, Marely García y muy especialmente a mi coach espiritual Paola López Cerdán y a mi amado grupo de oración "Mujeres guerreras al servicio de Dios".

Cada una de mis amigas me motivaron a escribir esta increíble historia, convencidas de que el mensaje será de gran bendición para miles de mujeres y hombres, ya que el amor virtual se extiende a todo lo largo y lo ancho de las actuales redes sociales en todo el mundo.

A los motivos más importantes en mi vida, a mi amado hijo Anthony que desde el Cielo cuida de mí; a mi amado hijo Michael; a mis encantadores y adorables nietos, Alexander y Paulina, por su amor incondicional de siempre, ya que ocupé largas horas en escribir esta historia y les salgo debiendo algunos fines de semana que les correspondían de mi tiempo y compañía. Valoro su apoyo, amor y comprensión. Mi amor eterno para ustedes mi amada familia.

LA AUTORA

Cristina Martínez G.

Originaria de la ciudad de México, actualmente radicada
en la Ciudad de San Diego, California en Estados
Unidos. Cursó estudios en Administración de Empresas
y Mercadotecnia, así como múltiples diplomados en la
especialidad de Análisis Transaccional y Relaciones
Diplomáticas en Miami y Administración del Tiempo,
Personalidad Integral y Desarrollo Humano en la Ciudad
de México.

En los últimos 30 años ha ocupado importantes cargos como Directora del Instituto Educativo "Mind Development Inc", en Miami Florida, Directora del Instituto de "Formación y Personalidad" Margarita O´Farrill en la Ciudad de México, Directora de Relaciones Públicas en el hotel Krystal en la Ciudad de México, Directora de Relaciones Públicas del Museo de Cera de la Ciudad de México, Coordinadora en Eventos Especiales en la Industria de Network Marketing, Productora y Conductora del Programa en Radio **"Encuentro con tu grandeza"**, en la Ciudad de México y Baja California.

Actualmente se dedica a impartir cursos de Desarrollo Humano y Personalidad. Sus pasiones son: pasar tiempo de calidad con su familia, viajar, pintar, escribir y, principalmente, seguir cultivando su relación con Dios.

Actividades actuales:

Consultora y motivadora en área de recursos humanos.

Instructora en cursos de formación y personalidad.

Coach en la industria de Network Marketing.

Conferencista, motivadora y escritora internacional.

Enlace de Contacto:

saludintegralcalifornia@yahoo.com

YouTube: cristina martinez

Para:

Esperando este libro
sea de gran beneficio
para ti y atrar mar
pesraran.

Cariñoramente:

Cristina Martínez

Verano 2022

ÍNDICE

CRISTINA MARTÍNEZ G.

PRESENTACIÓN

Existen personas con las que establecemos una conexión divina, algunos le llaman "feeling", química o conexión de almas. Yo aún no sé cómo le llamaría, pero sí sé que con ellas establecemos una conexión divina, sublime, una sensación de habernos conocido y reconocido a través del tiempo y que en sus pupilas nos hemos mirado desde siempre.

Aun a través de una simple fotografía podemos sentir esa extraña sensación que queda grabada en nuestra memoria y en nuestra alma, esa imagen tan amada... A ti, que estás leyendo esto, ¿te ha pasado alguna vez?

Esta podría ser tu propia historia, con algunos detalles diferentes que tengan que ver con localizaciones geográficas, diferentes profesiones, diferencia de idiomas, de religión, etc. Y, sobre todo, diferentes redes de conexión actuales; pero siempre existirá una similitud peculiarmente hermosa que impactará nuestros corazones en la búsqueda y el anhelo de encontrar y conocer a la persona idónea, aun y a pesar de los riesgos que conlleva el amor virtual.

A lo largo de mi carrera de 25 años como Instructora de cursos de superación personal y *Coach* en la industria del *Network marketing* he conocido muchas y valiosas mujeres de diferentes profesiones, diversas culturas, edades y extractos sociales.

He escuchado historias realmente sorprendentes, conmovedoras, muchas de estas historias merecen ser contadas y compartidas en otros tomos. Tengo como asignatura pendiente escribir otros libros contando estas extraordinarias historias de la vida real, todas de superación personal y con vivencias realmente interesantes.

La violencia doméstica ocupa un lugar realmente alarmante en mis grupos de alumnas, pero también he atendido a personas que han superado cientos de retos, a pesar de poseer alguna discapacidad; personas que salieron adelante del alcoholismo y las drogas y, sobre todo, personas que han vivido divorcios y rupturas amorosas realmente dolorosas, pero en todas estas historias he observado que el motor principal que las motiva a superarse es el amor, ya sea a Dios, a sus hijos, a su profesión o a su pasión por algún deporte.

La búsqueda de una pareja es el motivo inspirador para querer superarse en muchos de estos casos, pero en los últimos años la tecnología y las redes sociales abrieron una nueva ruta y un nuevo vehículo para encontrar el amor virtual. Para mi sorpresa, cada vez son más las parejas que se conocen a través de estos medios cibernéticos. Tengo alumnas que han conocido a hombres maravillosos que cambiaron sus vidas por completo, pero también conozco a hombres que encontraron a su mujer ideal y su amor virtual tuvo un final feliz. Lamentablemente, también he escuchado de casos escalofriantes que se repiten cada vez con más frecuencia que no tuvieron la misma suerte ni el tan anhelado final feliz.

Este amor virtual, en especial, es digno de ser contado, ya que de la misma historia se desenlaza otra inesperada historia con los mismos protagonistas.

Por razones obvias los nombres de los protagonistas serán cambiados, pero la esencia de este amor virtual será narrada fielmente ante los hechos reales, ya que es mi propia historia. Saborearás lo dulce y lo amargo de los riesgos del amor virtual, pero esta historia también te hará soñar, reflexionar, informarte, alertarte y formar tus propias conjeturas sobre el controversial tema, ya que por lo general siempre existirán las dos caras de la moneda, los pros y los contras. Espero que la disfrutes y sea de gran ayuda.

Acompáñame a vivir esta experiencia, ya que nadie es dueño de su propia historia. Esta podría ser también la tuya, en la que se desenlazan momentos mágicos, sorpresivos, místicos a nivel espiritual, así como intriga y encuentros inesperados.

El momento crucial de la historia lleva un importante mensaje, y cuando tú crees que la historia terminó empieza un inesperado y sorprendente relato que, seguramente, será de tu agrado.

Cristina Martínez G.

Si lo deseas puedes escanear con tu Teléfono Móvil este
Código QR para tener acceso Al video

CRISTINA MARTÍNEZ G.

CAPÍTULO I

EL ENCUENTRO VIRTUAL

Inicio mi mañana dando gracias a Dios por el simple hecho de ver un nuevo día. Ya en la ducha, también doy gracias por las bendiciones recibidas y por las que vendrán. Frente a una aromática taza de café, prendo mi computadora y contesto los correos más urgentes, así como mensajes por WhatsApp. Tengo que admitir que mis conocimientos cibernéticos son solamente básicos, los necesarios para no estar obsoleta y navegar por las redes. Este punto es importante lo tengan presente a lo largo de esta historia, ya que del mundo virtual nos depara grandes sorpresas y este hecho está presente todo el tiempo en los siguientes capítulos.

Por razones obvias, a la actual situación que inició en el 2020 todos tuvimos que trabajar o estudiar frente a una computadora y nuestras actividades en las redes estuvieron más presentes que nunca. Empecé a tomarle el gusto al chat y a pasar tiempo en el Facebook compartiendo sabias reflexiones, sacando del baúl de los recuerdos fotografías de eventos, viajes familiares y profesionales sin ninguna pretensión y mucho menos impresionar a nadie, solo por el simple placer de compartir momentos mágicos con mi familia y amistades. En fin, esa fue siempre la verdadera intención de mi actividad en las redes, actividad que despertó la curiosidad de alguien que no me conocía y pretendía conocerme a través de este medio cibernético.

Normalmente mis días están llenos de actividades que programo con anticipación en mi agenda, no todas son de trabajo, pero para mí todas son importantes. Casualmente ese día sería el más activo y productivo de la semana, miré de forma rápida mis mensajes y publicaciones del Facebook cuando de forma sorpresiva apareció una invitación de amistad de una persona cuya mirada me pareció familiar, tenía algo que me atrapó a primera vista, pero no tenía tiempo que perder. Salí de casa apresurada por llegar a tiempo a mi primera cita.

Me esperaba un largo día. Subí a mi auto con esa extraña sensación de gozo y alegría, sin tener ningún motivo aparente. Cuando llegó la hora de la comida tomé unos minutos para volver a ver la fotografía de esa persona que me había estremecido.

Reconozco que era atractivo y su mirada me atrapaba por varios segundos. Traté de reconocer esa sonrisa y entré a su perfil antes de aceptar su invitación como amigo, pero su nombre y sus datos generales no me eran familiares. Mi primer impulso fue eliminar su solicitud de amistad, ya que lo hago siempre que no conozco a alguien. De forma personal lo hago de inmediato, pero algo detuvo mi impulso de eliminar la invitación de amistad.

Apagué el celular y continué con mis actividades del día, pero manejando rumbo a otra junta me vino a la mente la mirada de ese hombre. Tan pronto llegué a casa saqué de mi bolsa el celular. Reconozco que el caballero era atractivo y con aspecto de un hombre ejecutivo. En todas sus fotografías buscaba su mirada; no era una mirada dulzona, era más bien profunda y cálida. Leí detenidamente en su perfil que vivía en Reino Unido, por lo cual supuse que era inglés, pero no tenía la fisonomía de un hombre inglés, excepto por su elegante forma de vestir.

No era la primera vez que recibía una invitación de amistad de uno que otro hombre extranjero y atractivo. Pensé en mis adentros «¿de dónde salió este hombre?, ¿cómo me contactó?» Lo voy a eliminar como a todas las personas que no conozco, pero sonó el teléfono. y contesté la llamada. Era una llamada de larga distancia de consultoría en la que me demoré más de una hora. Por un momento olvidé la solicitud de amistad, verdaderamente el día había sido muy activo y literalmente estaba rendida; lo único que quería era descansar y dormir plácidamente toda la noche.

Ya comenté que al despertar lo primero que hago es orar y dar gracias a Dios por el nuevo día, luego tomar una aromática taza de café, abrir la computadora y revisar mis mensajes, pero ese día no quería revisar mis mensajes y mi prioridad era borrar esa solicitud de amistad para sacar de mi mente esa mirada que tanto me había estremecido el día anterior. Reconozco muy bien los mecanismos de defensa que tenemos los seres humanos, pero muy especialmente las mujeres, así que empecé a hacerme preguntas dándome el tiempo suficiente para contestar objetivamente.

Y la última pregunta contestaba prácticamente todas las demás. Me formulé la primera: «¿por qué te inquietan estos ojos?, ¿por qué te niegas la oportunidad de conocer a esta persona?, ¿por qué prejuzgas tus emociones?» Una pregunta me llevó a la otra. La pregunta más importante fue «¿De qué tienes miedo?» Esta fue la pregunta clave, «¿de qué tienes miedo?» Yo sabía la respuesta, aquí estaba yo nuevamente saboteando mis emociones, no era la primera vez, venía haciéndolo desde la muerte de mi esposo, después vino la muerte de mi madre, después la muerte de mi hermano y mi cuñada. En un lapso de tres años había perdido cuatro personas muy amadas, entrañables y muy cercanas.

Estaba viviendo el proceso de un duelo cuando venía otro y otro y otro. Mi resistencia al dolor estaba agotada, desgastada, solo Dios y el amor a mis hijos me mantenían de pie para salir adelante. Mi fe en Dios era mi refugio y mi consuelo, pero aún no venía la peor de las pruebas; la más dolorosa de todas, las más devastadora; la muerte de mi amado hijo mayor, mi compañero, mi amigo, mi confidente, mi maestro, mi mayor apoyo desde que murió mi esposo.

Hablar de mi hijo merece un libro aparte, "un tomo entero", ya que a pesar de ser tan joven dejó una huella muy profunda en las personas que lo conocieron. Solo les diré que para mí fue un privilegio que Dios me haya elegido como su madre en este plano terrenal. Su ausencia sigue doliendo profundamente, pero la paz que siente mi alma radica en saber que él era un hombre de fe inquebrantable y solo regresó a su verdadero hogar; cumplió la misión por la que fue enviado y por ahora solo está lejos de mi vista, pero diariamente muy cerca de mi corazón y de mi mente. De acuerdo con mis creencias me consuela saber que un día nos volveremos a abrazar por una eternidad.

Considero importante mencionar estos episodios de mi vida, ya que superar estas importantes y dolorosas pérdidas no es posible sin la gracia de Dios en nuestra existencia. Tuvieron que pasar muchos años para comprender porqué he renunciado al amor en forma recurrente. Mucho antes de que existieran las redes sociales, yo bloqueaba automáticamente a los supuestos amigos o pretendientes en mi vida, los sacaba de mis emociones con un simple clic a mi corazón porque el miedo al dolor y a la pérdida era mayor a mi deseo de tener una nueva relación y de rehacer mi vida.

Considero importante comentar este miedo al dolor y a las pérdidas, ya que muchas personas nos escudamos en enfocar nuestro tiempo y energía en trabajar de forma compulsiva, otros en un deporte, en un gimnasio, en viajar, en relaciones superficiales y sin compromiso. Generalmente, anteponemos todos estos mecanismos de defensa para no sufrir y pasar por la pérdida o la desilusión.

Trabajar, viajar y hacer deporte es maravilloso, siempre y cuando no sea de forma compulsiva y, mucho menos, un escape para no comprometerse en el amor… Existen muchos libros sobre este importante tema para ponernos en contacto con nuestros miedos, pero también se puede recurrir a una terapia de grupo donde, siguiendo una metodología de un día a la vez, puedes superar esos temores y adicciones al trabajo, al deporte y a otras muchas barreras mentales.

Afortunadamente, yo en pocas sesiones de terapias entendí de dónde provenía mi miedo a enamorarme. Ahora era simple entenderlo; al principio no lo entendía así, tuve que pasar por una serie de situaciones para que yo buscara ayuda profesional y detectara de dónde provenía mi miedo a enamorarme, ya que yo no había tenido desilusiones amorosas, pero el dolor de tantas pérdidas me había revestido de una coraza contra el dolor. Puede sonar muy loco, pero la mente humana así reacciona convirtiéndose en un mecanismo de defensa ante determinados estímulos y situaciones cuando son recurrentes y dolorosas, por eso es importante solicitar ayuda profesional.

Después de la auto terapia, por varios minutos dejé el asunto pendiente durante varios días, pero el fin de semana me dispuse a poner en práctica lo que había aprendido de la psicóloga Marely García Regalado. Tomé mi celular con aplomo y volví a enfocar mi atención en esa fotografía y cada vez me era más fascinante esa mirada.

Deslicé sin prisa mi dedo y repetí en mi mente varias veces:

—No pasa nada, total, es solo un nuevo amigo y luce como una persona honorable, ejecutiva y su apariencia es impecable.

Apagué el celular y, para mi sorpresa, la respuesta no se hizo esperar por parte de él. Yo había demorado una semana para aceptar su invitación de amistad y él ya estaba contestando de forma inmediata.

—Hola, Cristina. Mi nombre es Trey. Gracias por aceptar mi invitación de amistad. ¡Espero tengas un excelente día!

Honestamente, yo había perdido la costumbre de relacionarme con nuevas amistades masculinas. Así es que yo también le contesté con un breve saludo. Al siguiente día ya tenía un nuevo mensaje, y así diariamente por cinco días; todos muy cortos, pero muy correctos y positivos.

Yo solo había contestado tres de ellos. Me molestaba el hecho de que me inquietara su mirada, pero ese día me mandó una fotografía donde estaba sentado detrás de su escritorio y me escribió:

—¡Hola, Cristy! Estoy trabajando y no dejo de pensar en ti, pero si soy inoportuno solo quiero que me lo digas. Lo entenderé sin ningún problema y no volveré a escribirte. Gracias, que tengas un excelente día.

Fui absolutamente honesta y le contesté:

—Disculpa mi falta de atención a tus mensajes, pero no estoy acostumbrada a conocer personas por redes sociales y me intriga mucho cómo me contactaste. ¿Quién eres realmente? ¿De dónde eres? Escribes en un español perfecto. ¿Eres realmente inglés o eres español nacido en Reino Unido? ¿Dónde naciste?

Lo bombardeé con preguntas y él de forma tranquila y pausada contestó a todas y cada una de mis interrogantes, pero lo que más me sorprendió fue saber que usaba un traductor electrónico para comunicarse conmigo, lo cual me sorprendió gratamente.

Me preguntó si prefería que chateáramos en inglés o me sentía más cómoda en mi idioma natal para seguir usando el traductor. Le comenté que mi inglés no era precisamente británico, entendió la broma y nos reímos, pero yo seguía con mis preguntas, las cuales contestaba de forma inmediata. Sentí un poco más de confianza al poder chatear con él, ya que fue muy explícito en sus respuestas. A partir de esa amena charla vinieron otras más, casi diariamente, ya que él escribía rigurosa y puntualmente, pero yo no siempre contestaba.

Me di cuenta de que estaba nuevamente autosaboteando y encontraba pretextos para proteger mis emociones. Un día encontré un mensaje en el que decía que estaba realmente preocupado por mi silencio de dos días sin contestar sus mensajes. Me conmovió que ese hombre ejecutivo fuera tan cálido y estuviera realmente preocupado por mí, me sentí muy incómoda conmigo misma y a partir de ese día fui más accesible y amable con él.

Las primeras tres semanas no siempre coincidimos en horarios, pero sus mensajes fueron constantes y mis respuestas en ocasiones tardías, pero solo en horarios, ya que nunca dejó de escribirme. Para la cuarta semana no solo hablábamos de viajes, de nuestro trabajo y aficiones; poco a poco nuestras pláticas eran más profundas y frecuentes. Estas se sucedían dos veces al día y en ocasiones más, lo cual me tenía realmente sorprendida; era un hombre culto y sus pláticas eran amenas.

CAPÍTULO II

LA CONQUISTA

En la sexta semana me dijo:

—Cristy, ¿qué más quieres saber de mí? Porque estoy realmente interesado en ti y sé que aún tienes dudas sobre mí, porque no has querido darme tu número telefónico para chatear por *WhatsApp*, lo cual sería más cómodo para los dos.

Mi pregunta fue directa, sin titubeos:

—Me gustaría saber, para sentirme cómoda, si estás conociendo a otras personas por estas redes sociales, ya que ahora es muy común y la tecnología te brinda esa oportunidad, lo cual no considero malo. Solo quiero que seas honesto y me digas la verdad, somos adultos y además somos amigos. Lo voy a entender perfectamente bien, sé que me vas a decir la verdad, ya que hemos hablado del valor de la amistad, de la sinceridad y honestidad entre adultos.

Su contestación fue inmediata:

—Quiero conocerte solamente a ti. Creo que podemos aprender uno del otro porque somos adultos como tú bien dices. Estamos llenos de experiencias que podemos compartir, pero veo que aún no confías en mí. ¿Por qué no quieres darme tu número telefónico? Te prometo que no te arrepentirás de habérmelo dado.

»Desde que murió mi esposa, la única mujer que realmente me ha interesado eres tú; siempre he valorado mi vida espiritual y por eso busco a Dios, primero, antes que todo. Él nunca me falla, le pedí a Dios una mujer buena y comprensiva y creo que esa mujer eres tú, la que yo he esperado por mucho tiempo, además con valores añadidos como inteligencia y muchas otras virtudes que he descubierto en ti. No quiero perderte, esa es la realidad y el cielo es mi testigo de que te digo la verdad.

»Solo dime que más quieres saber que no te haya dicho. Ya sabes que vivo en New Castle, ¿ya te di mi dirección? Sabes que me encanta viajar, jugar tenis, conocer gente para compartir y recibir ideas. Me encanta el arte, la naturaleza y la cultura en general, pero lo que más me gusta es cocinar. Puedo decirte que soy amable y divertido, no soy perfecto, pero siempre trato de ser una buena persona.

»Me llevo perfectamente en cualquier entorno social, pero soy algo tímido, lo tengo que reconocer y me siento incómodo con algunas personas en especial. Prefiero la comodidad de mi propio espacio, en donde me desarrollo libremente y no necesito demostrar nada a nadie y mucho menos a personas que no me interesan. Soy hombre de pocas palabras y muchas veces prefiero el silencio a las palabras ruidosas, y lo más importante es que me encanta sacar lo mejor de cada una de las personas, tratar de que ellas sepan el potencial que tienen dentro y que realmente lo pueden descubrir superando miedos y barreras mentales para ser mejores cada día.

»Entonces, ahora háblame de ti mi dulce Cristy, ya que tú has sido más reservada.

Me puse cómodamente sentada como para ser interrogada, cualquier pregunta que me hiciera la contestaría con toda honestidad, no tenía nada que esconder, solo había sido reservada y prudente por precaución. Bueno, también porque estaba protegiendo mi corazón.

Su primera pregunta fue:

—¿Cómo una mujer tan increíble como tú sigue soltera después de tantos años de la muerte de su esposo?

—La respuesta a tu pregunta es fácil de entender. Tuve que organizarme por prioridades porque tenía dos hijos adolescentes a una edad muy difícil para una mujer que ya no cuenta con el apoyo moral y económico de un esposo para formarlos, educarlos, darles amor y hacer de ellos hombres de bien, pero lo más importante era darles amor y seguridad. Tenía que hacer un doble trabajo; ser una madre amorosa y un padre disciplinado.

»El padre de mis hijos murió de un infarto masivo y de la noche a la mañana nuestra vida dio un giro de ciento ochenta grados. Teníamos miles de planes para nuestros hijos, próximos a terminar sus estudios y seguir con su formación académica en los Estados Unidos. Al mudarnos de país también teníamos planes de expandir nuestro propio negocio; muchos planes más se vinieron al suelo y todo se quedó en sueños frustrados.

»Los primeros tres años tuve que pelear por defender el patrimonio de mis hijos como una leona. Después tomé la difícil decisión de mudarnos a vivir a Estados Unidos, debido a la inseguridad que se vivía en ese momento en mi país. Afortunadamente, mis hijos son americanos y yo contaba con mi residencia legal desde que me casé. Así que tomé la decisión de brindarles a mis hijos un mejor estilo de vida, también por nuestra propia seguridad, ya que a mi hijo mayor lo trataron de secuestrar en Cuernavaca, Morelos, en México. Dios lo protegió y pudo escapar de los malhechores.

»Pero esa fatal experiencia hizo que cambiara el rumbo de nuestras vidas; me enfoqué en brindarles seguridad, amor y un hogar digno como al que estaban acostumbrados. Me dediqué en cuerpo y alma a mi familia.

»Mi hijo menor se casó muy joven. Me dio la dicha y la bendición de darme un hermoso nietecito, después de poco tiempo vino una encantadora niña, en los que enfoqué todo mi amor y el mayor tiempo posible para disfrutarlos y verlos crecer.

»Debido a mis actividades profesionales de trabajo, mis viajes eran muy frecuentes y procuraba estar con mi familia el mayor tiempo posible. Todo esto te lo cuento brevemente, pero toma años vivirlo. Sin apenas darme cuenta, el tiempo pasó de forma vertiginosa... ¿Qué más quieres saber?

Trey insistió en saber si yo había tenido una relación amorosa todos estos años, ya que le parecía extraño que yo nunca había tocado ese tema. La verdad es que pocas veces me sentí tan en contacto con el miedo de volverme enamorar.

Inesperadamente para mí, esta vez abrí mi corazón y le conté a Trey algo muy doloroso que había vivido con mi única y ultima relación desde la muerte de mi esposo, pero volví a usar mi escudo de protección y en mi respuesta, aunque fue muy honesta, no entré en muchos detalles. Volví a revivir esa pérdida que me ponía en contacto con mi miedo a volver a enamorarme.

Mi respuesta fue afirmativa. Después de varios años de quedar viuda había tenido un hermoso romance, pero lamentablemente mi prometido tuvo una delicada operación de la cual ya nunca volvió a recuperarse. Finalmente, su familia se lo llevó a morir a su país. Le conté que después de esta relación me costó mucho trabajo abrirme al amor por miedo a la pérdida de otro ser amado. Trey fue muy prudente y ya no pregunto más, lo cual agradecí profundamente; no me era fácil tocar ese tema.

Sin necesidad de que yo le preguntara sobre su relación sentimental más reciente, él en forma breve pero muy respetuosa, me contó de una chica inglesa con la que pensaba casarse y de forma muy velada me dio a entender que defraudó su confianza. También yo fui muy prudente con él y no quise tocar la herida haciendo más preguntas.

Trey entendió perfectamente que yo había pasado por otro doloroso duelo y tal vez esa era la razón por la cual yo había sido tan cautelosa y reservada. A pesar de que su mirada me seguía estremeciendo, siempre estaba con los pies en la tierra, tratando de ser realista y no alucinar, pero en esa ocasión nuestra despedida tomó matices de romance virtual.

Una cosa de la cual no pude escapar, fue que a partir de estas pláticas tan profundas nuestra comunicación fue cada vez más cálida y frecuente. Encontraba mensajes con más contenido personal y en muchas ocasiones, por la diferencia de horarios, me escribía estando yo aún dormida, cuando él ya estaba iniciando su día laboral.

Para mí estaba anocheciendo, era difícil coordinar nuestros horarios, pero a lo largo de este segundo mes él nunca dejó de comunicarse diariamente y nunca faltó ni un solo día a nuestras citas virtuales. Es muy agradable despertar y leer un mensaje deseando los ¡Buenos días! y lleno de positivismo, con cálidas palabras y una rosa virtual acompañada de bendiciones.

Tampoco es fácil en estos tiempos encontrar un hombre con el que se pueda hablar de su vida espiritual, de su fe en Dios y, siendo yo una mujer de fe con creencias muy sólidas, me era muy interesante descubrir en él a un ser tan espiritual que reforzaba mi amor a Dios. Creo que este fue el mayor y más importante punto de contacto entre nosotros dos.

Finalmente, me di permiso de disfrutar este AMOR VIRTUAL, que de forma suave y tranquila se había transformado en una complicidad de almas.

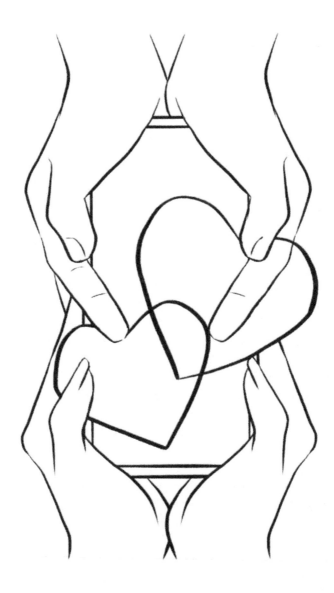

CAPÍTULO III

ENFRENTANDO MIEDOS EN TERAPIA

Después de chatear por ocho semanas por Messenger todos los días insistía en que le diera mi número telefónico, que yo me resistía a darle desde el principio; cabe mencionar que durante estas ocho semanas mantuve en absoluto secreto este "romance virtual", ya que sentía un poco de pudor de comentarlo, todo parecía de cuento de hadas.

Nadie sabía nada, ni mi hijo y menos mis amigas; finalmente, ni yo misma sabía si todo esto era real, era tan bonito y sublime que mi parte lógica me sacudía y me ponía los pies en la tierra. Recordaba un dicho de mi padre que siempre decía: «Todo es muy bonito para ser verdad». Con frecuencia yo misma lo repetía en mi mente, pero entrando en la novena semana me animé a contarle mi historia a una sobrina que es psicóloga, ya que a pesar de ser más joven siempre había sido mi confidente.

Siempre le compartí a Marely mis penas y alegrías; desde muy chica demostró ser muy madura para su edad. Confiando en su profesionalismo y madurez la llamé por teléfono para hacer una cita a nivel profesional. Yo no quería la opinión de mi sobrina, quería la opinión de una psicóloga, de una profesional en el campo del comportamiento humano.

Finalmente, llegó el día de mi encuentro con mi terapeuta. Después de dos horas de terapia pude escucharme a mí misma narrando este amor virtual, y llegué a sorprenderme de la persistencia y tenacidad de Trey por conquistarme.

Le conté todo a mi terapeuta, le mostré fotografías que él me había mandado a lo largo de nuestras charlas en estos dos meses para darme la seguridad de que era la persona del perfil de Facebook. Siempre mandaba fotografías como para confirmarme que era real.

Mi terapeuta, como toda una profesional, me dio su opinión, la cual me sorprendió mucho. Lejos de hacerme un juicio frío, me animó a darme el permiso a mí misma de volar, de superar mis miedos al amor y vivir en el aquí y el ahora, pero con las debidas precauciones y haciéndome cargo de mis futuras decisiones.

Anoté en una libreta algunos puntos importantes que me recomendó observar y preguntarle a Trey, cosas sobre las que yo misma tenía dudas. Ella me comentó que tenía pacientes que tuvieron un final feliz, así como otros que tuvieron una muy mala experiencia en estas modalidades actuales de idilios y amores virtuales... Contarle a alguien mi amor virtual y mi secreto fue liberador, pero también me puso en alerta.

Me sentí con más seguridad de hacerle más preguntas a Trey, de algo que hacía ruido en mi cabeza desde hacía varios días. En tres de sus fotografías observé unas iniciales grabadas en el puño de su camisa, junto a sus mancuernillas. Las letras eran: "M.A.", no coincidían con el nombre y apellido que él me había dado desde el inicio de nuestras pláticas.

Esa tarde, como todos los días, puntualmente y a la misma hora me envió un mensaje preocupado por mi falta de comunicación porque no había contestado ninguno de sus mensajes en toda la mañana, como era ya habitual desde las últimas semanas. Sentí su genuina preocupación, lo cual me conmovió mucho y me mostré más accesible que nunca.

La plática de ese día fue muy cálida. Trey me contó una linda historia de sus padres, del amor y agradecimiento que les guardaba a ambos por la forma en que lo educaron y de los valores que le inculcaron, también me comentó muy orgulloso que todos sus logros profesionales se los debía a ellos y a los sabios consejos que recibió desde niño.

En fin, estaba yo ante mi hombre ideal, pero, aun así, tenía que hacerle varias preguntas antes de darle mi número telefónico.

Ya para finalizar nuestra larga plática de ese día, le dije:

—Te voy a dar un voto de confianza al darte mi número telefónico, pero con una condición.

Su respuesta fue inmediata:

—Pídeme lo que quieras cariño, estoy realmente feliz de haber ganado ese voto de confianza, no te vas a arrepentir, te lo prometo cariño.

—Yo te doy mi número telefónico, si tú me dices tu verdadero nombre: "M.A".

Esta vez tardó unos minutos más de lo habitual en contestarme, finalmente escribió:

—Mi nombre completo es ALEXANDER TREY MANCHESTER".

Y con varios signos de interrogación y varios jajajaja, me preguntó:

—¿Esa era la razón por la cual no me dabas tu número telefónico? No lo puedo creer, cariño. ¿Por qué no me dijiste antes? Pensé que ya te lo había dicho anteriormente, y que a ti te gustaba más llamarme Trey en vez de Alexander.

»¿Cuál otra pregunta quieres hacerme para que te sientas cómoda conmigo mi amor? No quiero que tengas más dudas, por favor. Quiero compartirte por WhatsApp fotos de mis nietos y de mi familia, así como de los viajes que hemos platicado.

Confieso que su respuesta me desarmó y dejé de estar tan a la defensiva y bajé la guardia. Sin decirle nada más le mandé mi número telefónico.

De forma inmediata, como era su costumbre, me contestó dándome las gracias; me llenó de halagos y palabras cariñosas. Acto seguido, ya estaba mandando por WhatsApp las primeras fotografías con sus nietecitos. Confieso que por un momento me quedé sorprendida mirando a ese hombre vestido de short, sentado en el césped de un hermoso jardín, pero verlo jugando con sus nietos me pareció simplemente adorable y enternecedor.

Ver a Trey vestido de sport, sin los habituales y elegantes trajes de ejecutivo era conocer otra faceta de él, más personal, más íntima, ya que esa era la más importante para mí. Sin el atuendo de ejecutivo me pareció descubrir otra parte de su personalidad. Después de ver con deleite esas imágenes, mi corazón dio un suspiro y me olvidé de hacer más interrogatorios suspicaces.

Él siguió mandando más fotografías que con orgullo me compartía y no pude ocultar mi alegría. Solo lo felicité por esos adorables nietecitos y le comenté con toda honestidad:

—Si tú me hubieras compartido estas imágenes hace dos meses yo no hubiera sido tan resistente, pero solo me mostrabas tu imagen pública, la cual admiro y respeto profundamente, pero esta imagen privada era la más importante para mí.

Él no podía creer que este detalle fuera la llave de mi corazón. Esas fotografías llegaron en el momento más oportuno, ya que a partir de entonces nuestra relación de amigos especiales se confirmó como un romance virtual. Tenía dos meses tratando de ganarse mi amor y mi confianza y en forma irremediable lo consiguió.

Yo no podía seguir poniendo más resistencia al amor. Cómo no enamorarse de esa mirada que me estremeció desde el principio y ahora al conocer su faceta familiar y su calidad humana me estremecía aún más.

Recordé las palabras de mi sobrina la psicóloga: «Disfruta lo que la vida te está regalando, pero asume también que habrá riesgos en este tipo de amor virtual, nada es seguro en esta vida, pero conozco tus códigos de valores y confío en tu buen juicio». Recuerdo que me abrazó más amorosa que nunca al despedirnos y me deseó buena suerte en esta nueva etapa de mi vida y oramos juntas.

Ahora los mensajes de Trey eran tres o cuatro veces al día; unos cortos y otros más largos, pero todos con palabras cariñosas, frases cargadas de positivismo y siempre, siempre, bendiciendo el momento de haber llegado a su vida, pero yo también le daba gracias a Dios por este inesperado encuentro virtual.

Sentirme amada, respetada y valorada no era un sentimiento nuevo para mí, ya que mi difunto esposo me amó y respetó durante los veintidós años de nuestro matrimonio, y guardo los más bellos recuerdos de ese hombre maravilloso que elegí como padre de mis hijos, pero hacía muchos años que no sentía esas demostraciones de admiración, amor y respeto tan intensas; realmente estaba haciendo un gran esfuerzo por superar mi miedo a volverme a enamorar.

En nuestras largas pláticas por WhatsApp ya me había comentado que lo más importante para él era que nos conociéramos en persona lo más pronto posible. También conocer a mi hijo para demostrarle que sus intenciones eran casarse conmigo y brindarme todo a lo que yo estaba acostumbrada, y una vez que se jubilara, radicaríamos en donde yo eligiera. Para él su prioridad e ilusión era conocer a mi familia y mi cultura.

En ocasiones tenía que tranquilizarlo, ya que hacía planes de boda y viajes y de comprar una casa en Estados Unidos. Me hacía saber que el dinero no era problema, ya que a finales del año en curso él se jubilaría con una generosa pensión, además de sus bienes personales. Sinceramente, esa parte material nunca me la cuestioné, ya que su estilo de vida saltaba a la vista.

Mi papá siempre decía que había cinco cosas en la vida que no se podían esconder: El amor, el humo de un cigarrillo, la envidia, la joroba de un camello y la pobreza. Durante los últimos veinte años he aprendido a ser independiente y no he esperado que nadie venga a elevar mi nivel de vida.

Estoy muy agradecida con las bendiciones que Dios me ha dado y con el estilo de vida que he mantenido durante los últimos años en los cuales he viajado y disfrutado de grandes bendiciones, he vivido muy cómodamente y nunca he valorado a las personas por su estatus social, ya que he visto mucha pobreza de espíritu en algunas pobres gentes ricas por quienes siento infinita compasión. Y no me gustaría estar en sus zapatos...

CAPÍTULO IV

SUPERANDO RETOS CULTURALES

Muy al principio de nuestras pláticas, cuando hablábamos de nuestros trabajos y aficiones, Trey ya me había comentado que antes de jubilarse tendría que hacer un viaje de negocios a Dubái por una firma de contratos muy importantes y, de esa forma, cerrar con broche de oro su trayectoria en la empresa donde trabajó por largos años. Yo no lo había olvidado.

Las siguientes dos semanas fueron cada vez más intensas, emotivas y significativas para los dos. Las barreras que yo ponía como pretextos parecían ya no ser tan enormes ni tan imposibles de afrontar, pero la realidad es que seguían existiendo; la distancia, la cultura y, principalmente, la barrera del idioma. Yo sé que muchas relaciones de parejas han superado estos retos y quizás tú, que estás leyendo esta historia, habrás vivido algo parecido y sabrás que el amor te empodera y le da un sentido a todo lo que te propones, pero para mí poner en manos de Dios mis planes y los anhelos de mi corazón es lo primero y lo más importante.

En varias ocasiones Trey y yo habíamos orado juntos para que Dios viera con agrado nuestra relación y fuéramos bendecidos para continuar con nuestros planes a futuro, pero tengo que reconocer que lo que más me inquietaba y preocupaba de todos los obstáculos que ya mencioné anteriormente era el idioma, hasta entonces, el famoso traductor había sido nuestro mayor aliado para conocernos mejor, ya que con mi inglés elemental no podríamos haber tenido las pláticas transformadoras que logramos a través del traductor automático.

Tenía que enfrentar ese reto inmediatamente, y la solución fue pagar clases particulares y acelerar de forma inmediata la práctica en conversación con un maestro de inglés, ya que yo me había enfocado en el mercado latino cuando empecé a dar mis cursos de superación personal en Estados Unidos y me descuidé en practicar el inglés. También preferí que en casa se hablara el español para que mis nietecitos lo dominaran como su segundo idioma, lo cual me enorgullece hasta el día de hoy por haberlo conseguido.

Cuando le comenté a Trey que tendría un maestro particular dándome clases por línea se sorprendió y se alegró muchísimo, me llenó de halagos y palabras amorosas y alentadoras que me motivaron aún más para afrontar esta barrera cultural del idioma. Pero ese día él también me tendría una gran sorpresa.

La empresa donde trabajaba le estaba dando a su cargo un proyecto importantísimo en Dubái, pero eso no fue lo que más me sorprendió, ya que él me lo había comentado hacía un mes atrás. Mi sorpresa fue cuando me comentó que lo trasladaban a vivir a Dubái por un año, y posiblemente más hasta terminar el proyecto. Esto echaba por tierra nuestros planes, por lo menos yo así lo percibí. Trey me aseguró que no habría ningún cambio en nuestros planes y que solo se trataba de unas millas más de distancia. Me aseguró que no había ningún cambio y me pidió que confiara en Dios y en él.

Me explicó lo importante que sería para nuestro futuro retirarse en su próxima jubilación con ese ingreso que generaría al realizar este magno proyecto. Por un lado, me sentí orgullosa de él, pero al mismo tiempo sentí que esto cambiaría el rumbo de nuestros añorados planes, pero tenía que apoyarlo y preferí tomar una actitud positiva. Le pedí a mi Dios que me guiara y me mostrara sus planes, ya que todos sabemos que los planes de Dios son perfectos.

Al otro día me mando dos fotografías firmando unos documentos con varias personas en una lujosa oficina; él se veía radiante, feliz de su logro, pero en su corto mensaje me comentó que en esos mismos documentos se establece su traslado inmediato a Dubái. Los cinco días anteriores a su viaje Trey fue más amoroso que lo acostumbrado; sus mensajes, aunque cortos, eran cuatro o cinco veces al día, y me repetía que esto solo era cuestión de una milla más de distancia, que pronto nos ajustaríamos a sus nuevos horario y actividades, que todo estaría bien.

Yo estaba consciente de que él tendría que prepararse para su viaje, por eso traté de ser más prudente con mis cuestionamientos y dudas, solo quería verlo y escucharlo. Le pedí que tuviéramos una videollamada apoyados con el traductor y mi elemental inglés, a lo cual él nunca se negó, pero me pidió lo hiciéramos una vez que él llegara a Dubái, se instalara y estuviera más relajado y libre de todas las presiones de esa agitada semana, lo cual me pareció muy razonable.

El domingo cuando desperté ya tenía dos mensajes de Trey junto con dos fotografías; una en un lujoso salón VIP del supuestamente aeropuerto de Londres y otra a bordo del también lujoso avión. Sus mensajes eran muy cariñosos y alentadores pidiéndome que orara mucho por él y por nuestro prometedor futuro, así que ese día oré más que nunca porque llegara con bien a su destino, y también oré por el destino de este singular y emocionante amor virtual.

Al día siguiente me mandó un corto mensaje con unas fotografías de su trayecto del aeropuerto al hotel donde se hospedaría hasta que tuviera un apartamento preparado para él y sus asistentes que lo acompañaron en este proyecto. Eso era todo lo que decía el mensaje, después por la tarde me mandó otro mensaje dándome las gracias por mis oraciones y buenos deseos, junto con un hermoso ramo de rosas virtuales y miles de besos.

Lejos de lo que había pensado en forma pesimista y dramática, Trey estaba más romántico y dedicado que nunca, queriendo demostrar que esas millas de más de distancia no afectaban nuestra comunicación diaria.

Cuando yo estaba por dormir él iniciaba su día laboral, pero esa noche no pude dormir bien, ya que justamente ese día era la segunda etapa de firmas de contratos con los ejecutivos de Dubái. Finalmente, me dormí orando y ansiosa de que amaneciera para encontrar sus nuevas noticias.

CAPÍTULO V

MOMENTOS MÁGICOS

Desperté dando gracias a Dios como todos los días y tomé con curiosidad mi teléfono; efectivamente, ya tenía mensajes y fotografías de mi amor virtual. Sonreí viendo su mirada tranquila y transparente y esa sonrisa que me transmitía tanta paz. En su primer mensaje me decía:

—Mi amor, sé que aún estás dormida, pero hoy fue un día muy agitado para mí. Te comparto la firma del contrato y una pequeña reunión de celebración con los ejecutivos de esta empresa, son buenas personas y estoy seguro que tendremos una excelente relación laboral.

»Gracias, cariño, por tus oraciones que siempre me acompañan, hoy más que nunca necesito de tú comprensión y cariño, te amo mi ángel, cuídate mucho por favor.

Contesté sus mensajes diciéndole lo orgullosa que estaba de él, no solo por ser un exitoso hombre de negocios y por sus logros profesionales, también lo valoraba por ser un excelente padre, abuelo y ser humano, que estaba segura de que su papá desde el Cielo se sentiría superorgulloso de sus logros alcanzados gracias a su ejemplo y buenos consejos.

Las imágenes que me compartía diariamente no dejaban duda a mi imaginación, ya que me compartía fotos de lo que comía y de algunas actividades laborales, pero me volvió a mandar una fotografía donde estaba firmando unos documentos y había una bandera detrás de él, esa ya me la había mandado anteriormente, pero llamó mi atención en forma peculiar.

En fin, como todos los enamorados, él también me preguntaba de forma muy sutil lo que yo hacía a lo largo de mi día, pero creo que es un comportamiento muy propio de dos personas genuinamente enamoradas y yo lo complacía contándole de mis clases de hermenéutica, de mis proyectos a futuro para iniciar mis cursos presenciales, de mis días laborales como ama de casa, y de mis actuales clases de inglés y otras actividades con mi familia.

Para Trey fue una semana muy estresante. Según lo que me comentó, no era lo mismo ir de vacaciones a Dubái que pasar un largo tiempo. En dos ocasiones me preguntaba si yo estaría dispuesta a vivir allá por algunos meses. Su pregunta me dejó helada, ya que la verdad, no supe qué contestarle y le pedí que primero teníamos que conocernos en persona y que a partir de nuestro tan anhelado encuentro podríamos hacer planes a futuro, lo cual aceptó como prioridad y me comentó que tomaría una semana para viajar a conocernos, pero sin darme una fecha exacta.

Estaba realmente agotado y me dijo que tomaría su día libre para dormir, organizar su equipaje y contestar correos electrónicos acumulados, lo cual me pareció muy razonable. Antes de despedirnos me volvió a repetir lo feliz que estaba con nuestra relación y lo importante que era yo en su vida. Textualmente me dijo:

—Mi ángel, este período en el que ahora estamos separados físicamente es demasiado difícil. Lo sé, pero en la película de nuestra vida esta estancia en Dubái es solo un giro de la trama, y no cambiará nada. Te prometo que tendremos nuestro tan esperado final feliz; el cielo es testigo de que te digo la verdad, que tengas un fin de semana maravilloso, tú también descansa, hemos tenido una semana intensa.

Como era su costumbre, me mando una rosa virtual, besos y bendiciones. Imposible no enamorarse de un hombre así; romántico y a la vez maduro emocional y mentalmente, de un hombre que en su mirada reflejaba paz y armonía, pero ahora no solo estaba enamorada del hombre de las fotografías, también sus mensajes estremecían mi alma. Me quedé pensando en su promesa de viajar para conocernos, pero me tranquilicé sabiendo que no tenía que adelantar los acontecimientos, finalmente mis expectativas estaban puestas solo en las manos de Dios.

Para mi sorpresa ese día recibí otro mensaje de Trey. Seguramente había percibido mi confusión, ya que yo no había sido tan cariñosa como de costumbre al despedirnos, y él lo notaba todo. Muchas veces parecía adivinar el pensamiento y se adelantaba a contestarme cosas que yo tenía en mente preguntarle. Su mensaje fue breve y decía así:

—Mi amor, te repito que esta distancia que ahora existe entre nosotros es solo cuestión de millas. Tú y yo estamos hermosamente unidos a través de nuestras almas, recuérdalo, te amo mucho mi ángel, una linda noche cariño, cuídate mucho para mí, yo me cuidaré para ti.

Sabiendo que el ritmo de trabajo de Trey sería más intenso de lo normal, esa semana siguiente me prometí relajarme y distraerme un poco. Tenía abandonadas a mis amigas hacía más de tres meses y esto fue muy notorio para ellas. Mi cambio era obvio, tenía luz en la mirada y una sonrisa a flor de piel. Normalmente, los fines de semana paso tiempo de calidad con mi familia y mis nietecitos fueron los primeros en notar algo raro en mí. Semanas atrás, también mi hijo me comentó que me veía más guapa y más amorosa que nunca, pero aun así ninguno de ellos sabía nada.

Los cambios de planes por el viaje de Trey a Dubái me detuvieron a contarles de mi amor virtual y decidí esperar un poco más hasta que él me diera una fecha aproximada de cuándo viajaría para conocernos en persona, y entonces le contaría a mi hijo, familia y algunas amistades cercanas para introducirlo en mi mundo real.

Consideré que aún no era el tiempo de develar mi amor secreto. Necesitaba la seguridad de que él vendría, esperaría hasta ver sus pasajes de avión con fecha confirmada. Así que lo más prudente era seguir guardando mi secreto, hasta tener esa información confirmada por parte de Trey.

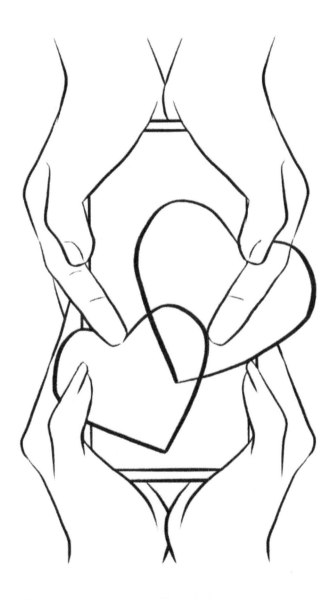

CAPÍTULO VI

SORPRESA INESPERADA

Cuando estaba comiendo con mi familia entraron varios mensajes de mi amor, pero en ese momento no podía leerlos. Esperé la oportunidad de estar sola para contestarle, me sentí como si tuviera un amor clandestino y me causó gracia verme actuar como una adolescente escondiéndome y ansiosa por ver sus mensajes. Todo esto era nuevo para mí, pero al mismo tiempo era emocionante estar viviendo esta experiencia de un amor virtual.

Recibí varios mensajes, el primero encantador, el segundo preocupado, el tercero enojado y el último realmente preocupado por mí. Solo habían pasado cuatro horas sin contestarle, estaba leyendo sus mensajes cuando de repente sonó el teléfono y contesté sin ver el número. ¡Oh, sorpresa! Me contestó una voz profunda y muy varonil en un inglés con acento incierto:

—¿Mi amor, estás bien? Dime que estás bien.

Yo estaba tan, tan sorprendida que de mi voz salió como un susurro:

—¿Eres tú, Trey?

—Claro que soy Trey. Solo dime que todo está bien, apenas te escucho.

Me repuse, y con voz más firme le contesté que solo estaba feliz y sorprendida de escucharlo. Él se río y me dijo:

—Ahora estoy muy ocupado, mi amor, pero más tarde te escribiré. Te amo, mi ángel, te amo.

Y sin darme tiempo a nada más cortó la llamada. Me quedé en shock, fue todo tan rápido que no sabía qué pensar. Tenía una mezcla de sentimientos encontrados, estaba contenta de haberlo escuchado y al mismo tiempo confundida, su acento no me sonó como de un inglés británico, más bien tenía un acento extraño.

Estaba en la terraza de la casa de mi hijo cuando todo esto pasó. Después de un largo rato entré a la casa y mi cara me delató, mi hijo me miró de frente y me dijo:

—¿Estás bien mami? ¿Qué pasó?

Por un momento pensé en contarle todo, pero algo me detuvo y solo le contesté que estaba muy cansada, que prefería dormir una pequeña siesta para estar bien, que no se preocupara.

Por la diferencia de horarios cuando me llamó Trey tenía que ser de madrugada para él. ¿Entonces por qué me dijo que estaba muy ocupado? Miré el horario de su último mensaje y también era en un horario no habitual. Ahora, en vez de estar feliz estaba realmente intrigada. Me puse en pie y prendí el televisor para distraerme, pero en mi mente estaba su voz.

Volví a leer sus últimos mensajes y en el primero me pedía mi dirección para mandarme un regalo desde Dubái, pero como no respondí a ninguno de sus mensajes él pensó que no quería darle mi dirección. Por eso se enojó y luego se preocupó. En fin, todo eran suposiciones y conjeturas mías; ya él me explicaría el porqué de su inesperada llamada tan preocupado por mí.

CAPÍTULO VII

MOMENTO INCIERTO

Esperé pacientemente que me escribiera, dando tiempo a sus horarios. Mientras tanto, volví a ver las fotografías que me había mandado recientemente. Me detuve a mirar con curiosidad la fotografía y me percaté de que nadie tenía cubrebocas. Recordé que la hija de una amiga había comentado que en Dubái era obligatorio usar cubrebocas en todos los lugares públicos y el distanciamiento social era también mandatorio. En algunas imágenes estaban dándose la mano y abrazos de felicitación en un grupo de ejecutivos y muy juntos, posando en grupos de más de siete personas. Me cuestioné, ¿de cuándo serían esas fotografías? Recordé otras imágenes del aeropuerto y en el avión también sin cubrebocas.

Cada vez tenía más preguntas que hacerle, pero sería en su momento oportuno. Nuevamente me volvió a llamar la atención la fotografía de la bandera blanca con siglas, pero al centro en un círculo azul escritura en árabe o farsi. Era la única imagen en la que podía yo tener una pista de dónde estaba realmente, ya que tampoco los atuendos de las personas parecían de Dubái. Es importante hacer notar que la mencionada bandera blanca juega un papel muy importante en esta historia.

Me entretuve escudriñando cada imagen, como si nunca las hubiera visto. Entonces descubrí algunas cosas interesantes de las cuales no me había percatado y las anoté en un papel para hacerle estas preguntas. Ahora realmente estaba haciendo un trabajo exhaustivo de investigación, pero ya habían pasado tres horas sin darme cuenta. De repente entró el mensaje tan esperado.

—Buenas noches para ti, mi ángel. Te pido disculpas por mi llamada, tal vez fui inoportuno al llamarte sabiendo que estabas con tu familia, pero realmente estaba preocupado por ti y me tranquilizó escuchar tu voz, era todo lo que necesitaba. Estoy a punto de salir a una junta muy importante que me llevará toda la mañana. Por la tarde iré a supervisar unas obras a varias millas de Dubái, pero solo quiero que sepas que te amo y que eres lo más importante en mi vida. Todo esto que estoy haciendo es pensando en nuestro futuro. Por favor no olvides mandarme tu dirección para enviarte tu regalo que escogí especialmente pensando en ti, quiero mandarlo hoy mismo, posiblemente tardará una semana en llegarte. Te amo mi ángel.

Estas respuestas de él me desarmaban, pero ahora no era el tiempo para mi interrogatorio. Preferí tener una actitud positiva y esperar el momento oportuno para plantearle mis dudas en forma elegante, sin que se sintiera ofendido. Mi respuesta a su mensaje fue breve y sin ningún reproche, pero fui menos cálida que de costumbre. No porque estuviera enojada, sino porque estaba en señal de alerta. Aquí estaba yo, nuevamente poniéndome mi armadura.

Considerando su mensaje entendí que ese día estaría atento sólo a sus responsabilidades y múltiples ocupaciones. Sin embargo, ya tarde, me mandó un cálido mensaje con sus habituales rosas virtuales, besos y un resumen corto de su intenso día laboral.

En los días siguientes a todos estos sucesos la comunicación fue tranquila, me comentaba los avances del proyecto y me enviaba algunas fotografías, pero le hice algunas preguntas de las que yo tenía dudas y siempre me contestaba todas con absoluta tranquilidad y seguridad, excepto de la del cubrebocas. Esa pregunta la evadía diciendo que todos se lo habían quitado para las fotografías, lo cual no me dejó muy convencida.

Insistí en la videollamada, y me decía que sí, pero que estaba teniendo problemas de señal por encontrarse en esos días fuera de Dubái, en lugares desérticos con muy mala señal para llamarme.

Esa semana había tenido varios contratiempos con algunos empleados y lo percibí un poco estresado al contarme lo que estaba sucediendo. En fin, era la primera vez que su plática se enfocó únicamente en su trabajo y en cómo resolver varios problemas, lo cual me pareció normal en un hombre ejecutivo con múltiples responsabilidades a su cargo, así que mi actitud fue de apoyo y comprensión y no quise en esos momentos darle más cargas de las que ya tenía. Así transcurrió el resto de la semana, sin presiones de mi parte y tratando de que nuestros encuentros virtuales fueron armoniosos, alegres, sin interrogatorios suspicaces ni reproches.

Pienso que, a cierta edad, uno ya no quiere dramas y que nuestra paz interior está por encima de todo. Yo quería darle a Trey esa paz anhelada.

CAPÍTULO VIII

REVELANDO MI SECRETO

También para mí esa semana había sido de mucha actividad, además con citas médicas de rutina que había postergado.

Finalmente llegando el viernes. Por la mañana recibí el mensaje de una muy querida amiga invitándome a comer, ya que en los últimos tres meses me había enfocado en mi amor virtual y estaba un poco alejada de mi círculo social. Después de chatear un poco con mi amiga, ella quedó de pasar por mí ese mismo día y recogerme en mi casa, lo cual me pareció genial. Necesitaba distraerme un poco, ya que la semana había sido algo estresante para ambos.

Le mandé a Trey un mensaje comentándole que iría a comer con mi amiga. Sabía que era de madrugada para él, pero al despertar lo leería. Estando ya en el restaurante mi amiga me miró fijamente y me dijo:

—¿Me vas a contar qué está pasando en tu vida? Tienes una luz en los ojos que te salen destellos.

Me reí en forma delatadora y ella, que me conoce desde hace años, intuyó y descifró inmediatamente que algo nuevo estaba pasando en mi vida. No tenía la intención de contarle nada, yo solo quería pasar un buen rato poniéndonos al día de la familia y cosas que interesan a las mujeres dentro de una plática amena y constructiva como es nuestra costumbre.

Pero como decía mi amado padre, hay cosas que no se pueden ocultar, y seguramente el amor se me salía por los poros. Ella me miró fijamente a los ojos y casi en un grito y abriendo los ojos con gran sorpresa me dijo:

—¿Estás enamorada? Dime la verdad, soy como tu hermana, te conozco y sé que tu ausencia se debe a algo importante.

En fin, ya no podía seguir ocultándolo y menos a ella, que efectivamente es como una hermana menor. Su primera reacción fue de enojo por no haberle contado nada en estos tres meses, ya que habíamos hablado ocasionalmente sin yo mencionarle absolutamente nada. Pero a medida que le fui contando como se había dado este amor virtual ella me entendió, ya que conoce muy bien mis códigos de valores y de mi fe en Dios.

Primero, me bombardeó con preguntas, para algunas ni yo misma tenía la respuesta. Después, me escuchó atentamente disfrutando de mi historia y de cómo fue creciendo esta relación a la que me resistí tanto, a pesar de que la mirada de ese hombre me estremeció desde un principio. Poco a poco le fui mostrando algunas de las fotografías con sus nietecitos y otras en su lugar de trabajo. Le permití leer solo pocos mensajes, ya que siempre he sido muy reservada en mi vida sentimental.

Contar una historia de amor virtual no resulta nada fácil, sin que suene a una fantasía o peligro. Tenía que mostrarle todas las evidencias de que él era un personaje real, más bien tenía que convencerme de que Trey era real. Le mostré también los poemas que ocasionalmente me mandaba, las rosas virtuales y algunos mensajes significativos en los que mostraba su calidad humana y sus valores ante la vida. Me di cuenta de que mi amiga estaba fascinada tanto como yo con el personaje de las fotografías, le pareció que formábamos una linda pareja y que él era justamente el tipo de hombre que ella elegiría para mí, si es que tuviera que elegirlo, ya que tenía todas las características físicas, morales y espirituales que yo necesitaba para enamorarme realmente de él.

Por un momento se nos llenaron los ojos de lágrimas por la emoción y le pedí que oráramos juntas para saber si Trey era realmente el hombre que Dios había elegido como mi compañero para el resto de mi vida.

Por mi parte, oro diariamente y le pido a mi Padre Celestial que me dé sabiduría y entendimiento para no perder el control de mis emociones y mantenerme con los pies bien firmes en la tierra, ya que es muy fácil perder la cordura y la objetividad cuando uno se enamora.

Durante los últimos tres meses había cuidado mi corazón para no ser lastimada. A estas alturas de mi vida la inteligencia emocional tiene que ser mi mejor aliada y confidente. Repito, es muy común perder la cordura y la objetividad cuando uno se enamora, y me esforzaba diariamente en que este no fuera mi caso, pero no siempre lo logré. Mi querida amiga Verónica y yo nos tomamos de las manos, ella como yo somos mujeres de fe, y oramos con la absoluta seguridad de que nuestra oración llegaría al trono de la gracia y dejamos en mano de Dios esta plegaria.

Para algunas personas que estén leyendo esta historia y hayan recibido respuesta a sus oraciones de forma inmediata les será fácil comprenderlo.

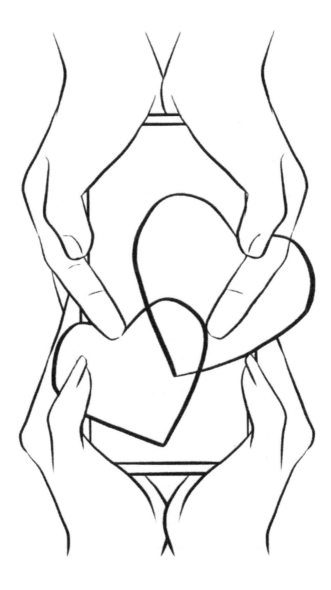

CAPÍTULO IX

ENFRENTANDO LA VERDAD

Nosotras no sospechábamos en ese momento los planes de Dios y tampoco que Él nos contestaría en pocas horas a nuestras oraciones. Después de tres horas de una larga charla salimos las dos con el rostro iluminado, yo de amor y ella feliz de saber que este hombre maravilloso que enamoró y conquistó mi corazón también me amaba, que hacíamos una pareja hermosa y tal cómo me había dicho también la psicóloga: «El amor es siempre un riesgo y solo los valientes están dispuestos a pagar el precio».

Me sentí liberada de que mi corazón tomara ese suspiro de alivio al compartir mi secreto. Ya rumbo a mi casa le comenté que Trey, como buen inglés, era muy puntual al contactarse conmigo, tenía el tiempo justo para llegar puntualmente a mi cita virtual. Mi querida amiga y yo nos despedimos con el cariño de siempre frente a mi casa, pero aún estábamos dentro de su auto cuando sonaron varias entradas de mensajes. Ya estábamos despidiéndonos y ella con miles de recomendaciones y buenos deseos me abrazaba afectuosamente como una verdadera hermana.

De repente empezaron a sonar en mi celular una cascada de mensajes uno tras otro. Saqué rápidamente el celular de mi bolsa, pero seguían entrando mensajes uno tras otro y miré la cara de mi amiga, que me preguntó asombrada: —¿Qué pasó? Mientras yo igualmente asombrada miraba las fotografías.

Eran diez fotografías, pero sin ningún mensaje. Le mostré a mi amiga el celular y en forma unísona en voz alta nos preguntamos: —¿Qué es todo esto? Teníamos poca luz dentro del auto, así que nos bajamos y ya dentro de mi casa revisamos con detenimiento cada imagen.

Las primeras cuatro fotografías eran de fabulosas y hermosas bolsas de finas marcas, la siguiente fotografía era un estuche con un collar finísimo, otra caja con un juego completo de collar pulsera y aretes, otra de las fotografías era una computadora, otra más contenía un celular de última generación y, por si fuera poco, un anillo de compromiso con ¡un diamante espectacular! El rostro de mi amiga y el mío más que de felicidad era de asombro.

Una vez que salí de mi estado de shock le comenté a Verónica que Trey me había pedido mi dirección unos días atrás para mandarme un regalo, pero yo esperaba un solo regalo, no esa exageración de regalos. Estaba contándole esto cuando entraron dos últimas imágenes. La primera contenía varios fajos de dinero en dólares, la fotografía de la caja y la papeleta de la empresa de envíos con mi nombre y con mi dirección, el peso de la caja con el código de barras, todo parecía en orden, y absolutamente legal. La fotografía de los fajos de dinero amontonados uno encima de otro me dejó helada, y a mi amiga también. Definitivamente, yo no podía aceptar estos regalos y mucho menos ese dinero.

Las fotografías de TODOS ESOS VALIOSOS REGALOS ME SORPRENDIERON, pero esa cantidad de dinero me tenía en shock.

Lo primero que pasó por mi mente fue darle gracias a Dios de que mi querida amiga estuviera justamente en ese momento conmigo. Mientras ella seguía revisando las fotografías en mi celular, me preguntó:

—¿Este hombre es millonario, o quién es él realmente? Son demasiados regalos y todos muy costosos.

Yo estaba más sorprendida que ella, ya que ese no era el comportamiento de Trey. ¡Tenía que haber un error, un gran error!

Lo más extraño para mí, era que no tenía un mensaje previo de Trey y posiblemente yo estaba relacionando que él me había comentado del envío de un regalo, pero no tantos regalos. Rogaba al Cielo que fuera un error. Mientras que Verónica seguía revisando minuciosamente la fotografía de la papeleta de envío yo caminaba de un lado a otro esperando que Trey mandara un mensaje o hablara por teléfono. Ya habían pasado más de veinte minutos y decidí marcar a su teléfono y hablar directamente con él.

De repente Verónica me preguntó:

—¿Cuál es el nombre completo de este hombre?

—Alexander Trey Manchester —respondí un poco titubeante.

Me mostró el celular y en la fotografía de la papeleta solo estaba su nombre, pero no su apellido, tampoco venía una dirección de remitente. La papeleta a simple vista se veía original, con logotipo de la compañía de envíos muy bien impresa, pero a medida que la escudriñábamos minuciosamente encontrábamos más pequeños errores que a simple vista pasarían desapercibidos.

Empecé a temblar por dentro, no podía seguir esperando más tiempo a que él me llamara. Marqué a su teléfono, pidiéndole a Dios que todo fuera un error y que Trey me dijera que él no había mandado todo esto. Sonó varias veces el teléfono y nadie contestó, tampoco salió una grabadora de voz; inmediatamente le mande un mensaje. Aún no podía recriminarle por nada, tenía que esperar que él me dijera algo sobre estos costosos regalos y me confirmara que él no los había enviado.

Le sonreí a mi amiga y le dije vas a ver que esto es un error. Mi mensaje fue corto:

—Hola, amor. Te estoy marcando a tu teléfono y no me contestas. Ahora soy yo la que te llama porque estoy preocupada por ti. Me urge hablar contigo, por favor márcame.

Verónica había encontrado dos errores más en la papeleta de envío, simplemente me abrazó y me dijo:

—Hermana querida, siento decirte que esto tiene todas las características de un operativo de timadores cibernéticos.

Me desplomé en la silla y pensé, "esto no me puede estar pasando. A mí Trey me lo va a explicar, yo no puedo creer que él me haya mentido en tantas cosas y que haya invertido más de tres meses de su vida tratando de conquistar mi amor y mi confianza, para después estafarme a través de unos regalos".

Miré a mi amiga y le pregunté:

—Por favor dime, ¿qué viene después de todo esto? ¿Qué cantidad de personas están detrás de esta artimaña? ¿Dime cómo operan? Dime todo para estar alerta.

La cara de mi amiga era peor que la de una persona en un funeral; me miraba con amor y al mismo tiempo con la misma pena cuando se miras a una persona a quien se le ha muerto un ser amado, y en realidad así era, se me estaba muriendo mi amado Trey, se estaban muriendo mis ilusiones.

Mientras tanto, yo me sentía en agonía en esta larga espera. Había pasado más de una hora desde que recibí los mensajes con las fotografías y aún no tenía respuesta. Volví a marcar a su teléfono una y otra vez sin encontrar respuesta.

Volví a mandarle otro mensaje similar al primero pidiéndole que se comunicara conmigo de forma urgente. Trey acostumbraba contestar inmediatamente mis mensajes, este no era un comportamiento típico de él; aparentemente, yo estaba en control de mis emociones, pero el dolor de la desilusión es un dolor invisible, es diferente. Este es un dolor en el que tu alma llora, es diferente al del duelo, pero no menos doloroso. Me sentía engañada, sin haber estado aun estafada me sentía burlada y pensé en voz alta: —No les daré tiempo de concretar su estafa, soy más inteligente de lo que estos malhechores pensaban.

Mi querida y fiel amiga sabía de mi fortaleza y de los múltiples duelos que he vivido. Le ha tocado estar conmigo en el dolor más grande de mi vida, que fue la muerte de mi hijo, pero nunca me había visto enfrentar una desilusión amorosa y ella sabía que me estaba doliendo el alma.

Me dijo dulcemente:

—Yo sé que eres muy fuerte amiga, pero si tienes ganas de llorar, llora; de dolor o de coraje, pero llora, te vas a sentir mejor.

La verdad, no tenía deseo de llorar, tenía el deseo urgente de que todo esto me lo explicara Trey. Miré de frente a mi amiga y le pregunté:

—Dime la verdad, *sister*. Cuando te mostré las fotografías y los mensajes de Trey, ¿tú sospechaste que algo así pasaría?

Y ella me contestó:

—Por un momento sentí desconfianza, pero conociéndote pensé que eres lo suficientemente inteligente para no dejarte impresionar por un hombre guapo, importante o que te llegara así nada más hablándote de amor. Confié en tu sentido común y en lo cuidadosa que eres al elegir a tus amistades, más bien eres "piqui". Viendo las fotografías de él luce un señorón, con la apariencia de un hombre decente y educado; también por la forma en que te escribía.

CAPÍTULO X

EL DOLOR DE LA DESILUSIÓN

—Pero dime mi Cristy, qué quieres hacer y yo te apoyo en todo lo que tú decidas.

Estábamos hablando esto cuando por fin entró el tan esperado mensaje. Tomé una respiración profunda, pidiéndole a Dios que esto fuera un error y finalmente se aclaró todo en este mensaje de Trey.

—Hola cariño, ¿qué pasa, estás bien? Perdón que me demoré al contestarte, pero estoy ocupado y esperando salir en un vuelo a Turquía. Me mandaron los pasajes anoche y no quise preocuparte, pero, ¿cuál es tu urgencia mi amor?

—No me habías dicho nada de tu viaje a Turquía, pero, en fin, después hablamos de eso, solo quiero saber si tú me mandaste unas fotografías de diez regalos. Por favor dime si fuiste tú.

—Son los regalos que te compré cariño, ¿te gustaron?

—Quiero que me expliques por qué tantos regalos y, sobre todo, ¿por qué pretendes mandar esa cantidad de dinero en una caja? No entiendo nada.

—Porque eres la mujer con la que quiero pasar el resto de mi vida, así que no es nada cariño, tú te mereces más que esto mi amor. ¿Solo dime si te gustaron?

—¿Qué significa todo ese dinero que pretendes mandar en una caja?

No hubo respuesta por varios minutos, y volví a preguntar:

—Discúlpame Trey, pero no puedo aceptar tus regalos, mucho menos esa cantidad de dinero.

—¿Por qué? ¿Estás hablando en serio cariño? ¿Te mando unos regalos y estás enojada por eso? La verdad es que pensé que te haría feliz recibirlos.

—Y yo también te digo en serio, no lo voy a recibir, por favor no los mandes.

—No puedo creer que esto venga de ti, cariño. Pasé tanto tiempo para comprarte esos regalos y… ¿eso es todo lo que tienes que decirme?

—Trey, tengo muchas más cosas que decirte, por favor márcame en una video llamada, aun no me has contestado mi pregunta sobre el dinero.

—Por supuesto que te voy a responder. Está bien cariño, pero me llevará mucho tiempo porque estoy ocupado y tengo que tomar un vuelo. Dame unos minutos y te llamaré. ¿Quieres verme, eso es lo que quieres verdad?

—Sí, quiero verte y saber por qué, o para qué estas mandando ese dinero.

Ahora sí estaba llorando, literalmente llorando, por fuera y por dentro de mi alma, tenía la ilusión de que me dijera que no sabía de qué le estaba hablando, que él no había mandado nada de eso, pero no fue así.

Esperando la llamada me sentía realmente confundida y angustiada. Mi amiga me tenía tomada de la mano, ella leyó todos los mensajes y estaba igual que yo, confundida, pero ella además estaba realmente enojada.

Esperamos ocho minutos para que él llamara, pero cuando yo contestaba se cortaba la llamada. Así, por tres veces consecutivas. Estaba haciendo un esfuerzo sobrehumano para mantenerme en calma y escuchar sus explicaciones sin que mis emociones hicieran juicios. Después de unos minutos entró un largo mensaje diciendo:

—Estoy realmente decepcionado de la forma como estás actuando. Estás enojada conmigo por haberte enviado unos regalos; por supuesto que responderé a tu pregunta del dinero. Me pagaron el contrato y después de comprar una maquinaria y otros materiales que usaré para realizar las obras me quedó algo de dinero, así que decidí enviarte el dinero junto con los regalos, porque viajaré a Turquía y guardar el dinero aquí en Dubái no era seguro, entonces por eso te mandé el dinero. Confío y creo en ti cariño y pienso que bajo tu cuidado estará seguro hasta que yo pueda viajar para verte, lo cual será más pronto de lo que tú esperas y entonces comencemos a planear nuestra vida futura para no separarnos jamás.

Obviamente, sus palabras no me convencieron. Toda esta redacción era una forma diferente de escribir del supuesto Trey. Ahora más que nunca quería verlo, ver esos ojos que yo tenía en mi mente, esos ojos que me estremecieron desde el primer momento, yo quería confirmar que no era el hombre de las fotografías. Este hombre que me contestaba tampoco era el hombre con el que yo chateaba, yo conocía muy bien la forma de estructurar las palabras del hombre con el que chateaba.

Tomé una respiración profunda, le escribí a sabiendas de que tal vez no me llamaría.

—Mi amor, te pedí una videollamada, por favor contéstame, solo quiero verte antes de que vueles a Turquía. Ya leí tus mensajes y después hablamos sobre ese tema por chat, ¿ok? Estoy esperando tu videollamada para dormir tranquila. Además, tú me habías prometido que lo harías cuando llegaras a Dubái. Amor, te prometo que solo serán unos minutos, por favor.

Quería hacerle creer que me habían convencido sus argumentos y que solo quería verlo unos minutos. No estaba segura de que lo hiciera, pero para mi sorpresa entró la videollamada después de una espera de diez minutos. Finalmente, apareció un hombre joven que se movía de un lugar a otro y hablando muy rápido solo repetía: —Ya me viste, ¿ahora qué quieres? Ya te dije que tengo que tomar un vuelo, te amo, te amo cariño.

Y sin darme tiempo a más nada cortó la llamada. Estaba paralizada, no podía articular palabra; mi amiga, al igual que yo estábamos seguras de que ese hombre no era Trey. Este lucía más joven, aun cuando se movía de un lugar a otro como para distraerme y que no pudiera identificarlo, pero logré percibir que este sujeto no era el hombre de las fotografías. Todo fue tan rápido y tan confuso, pero aun así mi sentido común me decía que eso era todo lo que yo necesitaba para comprobar que efectivamente este hombre no era el mismo hombre de la mirada de la cual me enamoré.

En ese momento no sabía si llorar, enojarme o caer al piso, pero de lo que sí estaba segura era de que ese no era el hombre del que yo me enamoré. Pero no solo yo me di cuenta. Mi amiga que no lo conocía tanto como yo, también se dio cuenta hasta de que el acento de su voz no era de un inglés puro, mucho menos británico.

Volví a marcar para recuperar la llamada que tan precipitadamente cortó, tenía que verlo nuevamente, marqué dos veces sin respuesta. Esta situación estaba desbordando mi peculiar paciencia, nunca había vivido algo similar, en pocas horas todo había dado un giro de ciento ochenta grados.

Finalmente, mandó un largo mensaje:

—Por favor, mi amor, deja de marcarme, no estoy solo aquí trabajando. Ya te había dicho que voy a tomar un vuelo a Turquía en unas horas, además, poco a poco me estoy enojando y no me gusta enojarme contigo, pero tú sí estás enojada, y ya no crees en mí porque te mandé unos regalos para demostrarte mi amor, eso es increíble. Estoy decepcionado de ti porque no confías en mí, y ahora quieres quitarme tu amor, cuando más te necesito, ¿qué es lo que te pasa cariño? Estás destruyendo mis ilusiones con tu actitud y eso es muy triste.

Este que ahora escribía definitivamente era otro personaje, ahora estaba tratando de hacerme sentir culpable y enredarme con una nueva artimaña.

—Trey, o como te llames, basta ya de tantas mentiras, la que está decepcionada soy yo, la que está desilusionada soy yo, me mentiste todo este tiempo, tú no eres el hombre de las fotografías, demuéstrame que estoy equivocada y devuélveme la videollamada, solo quiero verte de frente sin que estés caminando de un lugar a otro, tú si estás seguro de que estás hablando con una persona real, que nunca te ha mentido. Ya no estoy segura de que tú seas esa persona de la que me enamoré. Demuéstrame que estoy equivocada y volveré a creer en ti, pero dame la cara como el caballero que creo que eres, devuélveme la videollamada solo una vez más, demuéstrame que estoy equivocada.

En los minutos que esperé, mi amiga me abrazó y con voz tierna y compasiva me dijo:

—Ya se dio cuenta de que le quitaste la careta y que no te va a convencer. Él no va a volver a marcar. Si fuera el verdadero hombre de las fotografías te daría la cara de frente y esgrimiría otra clase de argumentos para tranquilizarte. Es un estafador profesional, pero se topó con una pared contigo, nunca esperó que reaccionaras así. Pensó que te tiene totalmente enamorada y que serás presa fácil. Pobre estúpido, no sabe la clase de mujer que eres. El ingenuo fue él al pensar que te podía engañar por más tiempo, le tiraste al piso su trabajo de tres meses de conquista.

Pero pese a sus palabras, yo me sentía como una niña a la que le quitan su osito de peluche, tenía las lágrimas a flor de piel y al mismo tiempo tenía coraje conmigo misma. Me sentía tan estúpidamente burlada y pensaba una y otra vez: "Esto no me puede estar pasando a mí, es como un mal sueño, como una broma de mal gusto. ¿Ahora qué sigue?"

Una vez más le di gracias a Dios, y a mi querida amiga por estar acompañándome en ese momento tan peculiar de mi vida. No tengo la menor duda de que Dios me protegió justo a tiempo y contestó nuestras oraciones en tiempo récord, eso fue lo más increíble, pero también fue increíble que Verónica estuviera conmigo como un ángel mandado del Cielo, que me brindara todo su apoyo y comprensión de forma incondicional.

Las personas que hayan vivido una historia similar sabrán que la pregunta más recurrente que uno se hace es: "¿Cómo pude dejarme envolver en este juego?" En mi caso fui demasiado cautelosa desde el principio, no le fue fácil ganar mi confianza, fui demasiado reservada y le tomó dos meses para que yo le diera mi teléfono y pudiera mostrarle mis sentimientos. Después esperó más de un mes para estar seguro de haberse ganado mi respeto y admiración, además de mi amor.

¿En qué momento perdí mi sano juicio y me dejé envolver por un experto seductor? Me costaba trabajo procesar en ese instante tanto dolor, estaba desmoronada por dentro y mi habitual fortaleza estaba tambaleándose.

Qué lecciones tan inesperadas nos da la vida. Sé que actualmente todos estamos expuestos a este tipo de experiencias sorpresivas, ya que estos delincuentes cibernéticos estafan a las personas de diferentes formas. El esposo de mi amiga me contó la forma en la que operan y la manera como pensaban estafarme si yo hubiera aceptado recibir todos esos regalos y el dinero, ya que el plan era el siguiente:

Más adelante, en pocos días me llamaría diciéndome que el envío de la caja había sido detenido en aduana o en la misma paquetería que supuestamente me enviaría la caja hasta mi domicilio, pero como eran tantas cosas de valor se tenía que pagar cierta cantidad de dinero para liberarlas y ser enviadas sin problemas.

Paso siguiente sería que yo de mi dinero depositara esa cantidad a una cuenta bancaria, o mandara un giro a nombre de otra persona. Como existe la presión de tiempo, porque dan un corto plazo para hacer toda esta operación, te dicen que si no se paga esa cantidad de forma inmediata se confisca y se pierde ese valioso paquete.

Todo esto es bajo presión para no darte tiempo a reaccionar y envolverte con más mentiras. Ahora tenía sentido lo del famoso dinero que me estaba enviando en la caja y también su inesperado viaje a Turquía.

Todo empezó a tomar forma y contenido cuando el esposo de mi amiga me contó el caso de un conocido y todo coincidía de forma sistemática, pero en el caso de esa persona fue una mujer la que enamoró a un caballero, así que los hombres no están exentos de este tipo de estafadores cibernéticos.

El dinero que supuestamente venía en la caja serviría para recuperar el pago que se había depositado para recuperar la caja confiscada y de esa forma solo sería como un préstamo. Hasta que llegara la caja a su destino sería reembolsado inmediatamente.

El repentino viaje también tenía un motivo y una explicación, ya que por encontrarse volando hacia Turquía él no podía hacerse cargo de dicha complicación en su envío y por esa razón me pediría que yo me hiciera cargo de resolver el problema lo más rápido posible, para recuperar los valiosos regalos y el dinero. Obviamente, la supuesta caja nunca hubiera llegado a su destino y el dinero invertido en liberar la caja jamás lo hubiera vuelto a ver de regreso.

Después de todo este operativo te bloquean y no dejan rastros ni evidencia de nada, pero afortunadamente y por la gracia de Dios en mi vida estos malhechores conmigo no culminaron su estafa. Pero, curiosamente, en todo este tiempo que el esposo de mi amiga me contaba detalladamente por teléfono la forma en la que operan estos tipos, él se mantuvo en línea. Supuestamente tenía que estar volando en ese tiempo.

El esposo de mi amiga me sugirió que lo bloqueara inmediatamente, ya que corría el riesgo de que estuviera fraguando otra estrategia para convencerme de seguir en contacto y no perder sus tres meses invertidos en este negocio que de forma tan abrupta e inesperada le eché por tierra.

Seguramente, él estaba tan frustrado como yo, pero de forma diferente. Él por no haber conseguido su objetivo y yo por sentirme engañada, burlada, pero además mi corazón y autoimagen estaba lastimada. Más tarde tendría que enfrentarme a procesar esta desilusión y pérdida, ya que toda pérdida requiere un proceso de duelo y yo estaba perdiendo al hombre de la mirada limpia y transparente del cual me enamoré.

Yo sabía en el fondo de mi corazón que ese hombre existe en algún lugar del mundo. Ese caballero, como yo, fuimos usados vilmente. A él le robaron su identidad y a mí me robaron mis ilusiones.

CAPÍTULO XI

DESENMASCARANDO AL *SCAMMER*

O ESTAFADOR

Antes de seguir el consejo del esposo de mi amiga y bloquear al supuesto Trey de todas mis redes le mandé un último mensaje, a sabiendas de que lo estaba esperando ya que él seguía en línea. Era obvio que él esperaba que me arrepintiera.

El supuesto Trey estaba seguro de que se había ganado mi amor a pulso, día a día, y de que mi amor por él sí era real y verdadero. Seguramente estaba confundido por mi inesperada reacción o estaba planeando otras estrategias, sin imaginarse que por mi parte ya no había marcha atrás, se me había caído la venda de los ojos, de forma brutal y dolorosa. Ya podía ver parte de la película, pero sin saber aún el final.

De forma inexplicable, al escribir tranquila y textualmente lo que sentía, por un momento sentí compasión por ese hombre. Se había burlado de mí, pero también se había burlado de Dios al hacerme creer que era un hombre de fe y jurarme por el Dios Altísimo que él nunca me mentiría.

—Como podrás ver, ya me di cuenta de todo tu juego, de forma brutal y dolorosa hiciste que se me cayera la venda de los ojos. Quien quiera que seas, o como te llames realmente, quiero que sepas que lastimaste mi corazón y te burlaste de mi fe en Dios. Espero que tu próxima víctima tenga la suerte de ser protegida por la mano de Dios como me protegió a mí.

—Solo quiero que sepas que el hombre del que yo me enamoré fue el que vi jugando con sus nietos, abrazando a su familia, el de la mirada limpia y transparente, ese hombre al que le robaste su identidad y usaste su impecable imagen. Reconozco que tus palabras me conquistaron, pero cuando cierro los ojos al que veo es al hombre de quien usurpaste su imagen. Ese no eres tú, él también es una víctima tuya, como yo lo fui por estos tres meses. Que tu conciencia recrimine tu maldad, si es que aún tienes conciencia, que Dios te perdone, por jugar con su palabra y hacerte pasar por un hombre cristiano para conquistar mi corazón usando argumentos de fe y jurando por Dios que no mentías. Recuerda, un día tendrás que enfrentarte al juicio divino y dar cuenta de tus fechorías. Me da pena que un hombre inteligente como tú use sus talentos para hacer daño y vivir de la mentira y de estafar a sus semejantes. En esta vida todo se paga y tú lo sabes, muchas veces hablamos del castigo divino. No siempre podrás salir victorioso de tus fechorías, no siempre tendrás la suerte a tu favor. Siento una infinita lástima por ti, que Dios te perdone.

Con lágrimas en los ojos me aseguré de que había leído mi mensaje y sin darle tiempo a que me contestara lo bloqueé inmediatamente de todas mis redes. Mi amiga me miraba sorprendida, nunca me había visto llorar por una desilusión amorosa, afortunadamente nunca fui lastimada así.

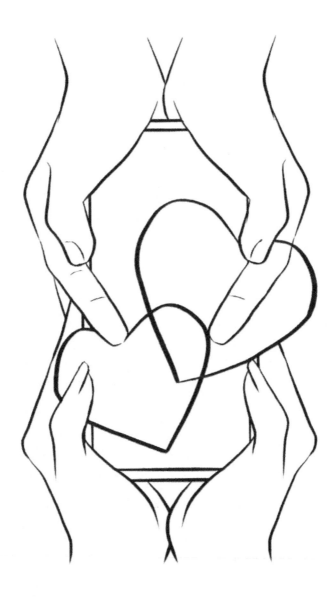

CAPÍTULO XII

PROTEGIDA POR LA GRACIA DE DIOS

Ojalá pudiéramos bloquear así de fácil nuestros sentimientos, nuestros recuerdos y emociones negativas con un simple clic… Esa noche lloré y oré mucho, al otro día desperté con la extraña sensación de vacío, como cuando sientes la pérdida de alguien que murió, pero ahora tenía que cooperar ante lo inevitable, enfrentarme a mi realidad y asumir mi responsabilidad y parte de culpa.

Por la mañana hice los reportes a las redes sociales, tanto de este fraude fallido como el robo de identidad de la persona de quien usaron su imagen para conquistarme, y la verdad es que en eso sí lograron su cometido ya que mi amor virtual tenía nombre y apellidos. Efectivamente esa mirada y amada presencia robo mi corazón, pero solo Dios sabía dónde se encontraba y quién era en la realidad ese hombre que aún me estremecía con solo recordar su mirada.

Me tomó varias semanas separar de mi mente a los dos personajes de esta historia, ya que el autor intelectual con quien yo chateaba era un hombre inteligente, un experto en el arte de la seducción, ya que ese era su objetivo. Me costó trabajo entender que era un personaje prefabricado, no real, pero la imagen del hombre de la mirada limpia y transparente sí era real y existe en algún lugar del mundo. Su mirada y singular personalidad la tengo guardada en mi mente hasta el día de hoy y la verdad no sé hasta cuándo logre olvidarla y sacarlo de mi mente y corazón.

Yo sé que puede sonar ilógico, casi imposible, pero algo me dice en el fondo de mi alma que un día encontraré al hombre de la mirada que llevo en mi mente. Es importante que recuerden esta frase: "No sé cómo, ni dónde, pero un día lo voy a encontrar".

Bueno, después de hacer los reportes correspondientes a las redes sociales para proteger a nuevas víctimas, y al hombre de las fotografías, pero también a mí misma, no me quedé tranquila como supuestamente debería estar, ya que nunca les dieron seguimiento a mis reportes.

Lamentablemente, estos delincuentes cibernéticos siempre buscarán nuevas y diferentes formas de estafar a personas de buena fe como tú y como yo. ¿Se supone que alguien nos debería de alertar y proteger al respecto? ¿Pero dónde están los que nos deben proteger? Después de volver a mi realidad y poner los pies en la tierra, le preguntaba a Dios para qué, o por qué tuve que pasar por esta prueba los últimos tres meses.

Recordé un versículo que dice que todas las cosas nos ayudan para bien a los que confiamos en el Señor. De forma automática me postré de rodillas y le pedí a Dios que me mostrara el propósito de esta prueba, ya que cuando oré con mi amiga su respuesta fue inmediata y me protegió de ser estafada de forma material, sentimental y espiritual.

Pero el dolor en mi alma estaba latente. Tuvieron que pasar varias semanas para que Dios fuera restaurando mi corazón que estaba aún dolido, me aferré más que nunca a mi fe y poco a poco fui entendiendo el propósito de esta desafortunada experiencia.

CAPÍTULO XIII

ALERTANDO A FUTURAS VÍCTIMAS

Nunca quedé del todo satisfecha con los reportes que realicé de forma inmediata a las redes. Tenía que alertar a mujeres y hombres. Mandé mensajes en mis redes sociales a mis contactos, de forma muy velada por temor a que me bloquearan mis cuentas, pero la pesadilla no había terminado.

Después de todos estos sucesos y varias semanas transcurridas me llamó una amiga para preguntarme si estaba yo en algún problema, ya que había recibido un mensaje de mi parte pidiéndole ayuda con una paquetería que tenía yo detenida y le extrañó la forma tan urgente en que yo supuestamente solicitaba de su apoyo económico. Ese mismo día, en forma casi simultánea, también me llamó otra amiga de Miami para saber qué me estaba pasando. No lo podía creer. ¿Ahora qué más tenía que enfrentar? Lo primero fue poner en alerta a mis dos amigas y les informé de cómo reportar a estos delincuentes, cambiar sus claves de acceso de sus redes y reportar.

Pero la pesadilla todavía no terminaba allí, siguieron con dos contactos más de la Ciudad de México con historias diferentes de estafa. Uno de ellos que es periodista en dicha ciudad me ayudó a darle seguimiento al caso y pudimos identificar que las llamadas provenían de Asia. Él mismo les llamó para desenmascararlos, pero de forma inmediata cancelaron ese número telefónico. Fue una semana de pesadillas tratando de proteger a mi gente, mandando mensajes de alerta por medio de las mismas redes sociales que ocupan estos malhechores. Ahora no solo quería alertarlos, también quería apoyarlos.

Nunca les comenté a mis amigas de mi romance virtual y de la forma como podía haber sido estafada, pero sí me preocupé por proteger a mis contactos. Con cierta frecuencia compartía avisos de que yo no era la persona que mandaba solicitudes de amistad, ya que usaban mi fotografía de perfil y tenían acceso a mis contactos. Este suceso me dio la pauta para investigar más y enterarme de que, así como yo, muchas mujeres y hombres se quedan callados y por vergüenza a la crítica no denuncian. Simplemente se quedan sufriendo en silencio el dolor de haber sido engañados, burlados, estafados y en otros casos más severos han sido maltratados.

También de esta desafortunada experiencia nació el deseo de ayudar a otras víctimas para que sepan en dónde buscar ayuda y apoyo psicológico, ya que en muchos casos he visto trastornos de personalidad y autoestima cuando descubren que fueron brutalmente engañados. También que sepan cómo protegernos de esta mafia de estafadores que hoy sé que tienen un nombre y operan en grupos organizados. Son entrenados para realizar varios tipos de estafas; unos con estafas express, como trataron de hacer con mis amigas, y otros grupos que lo hacen de forma más sofisticada como el que me tocó vivir en carne propia.

El día de hoy ya tienen un nombre, les llaman *scammers*, o estafadores; son hombre y mujeres que te contactan enviando una solicitud de amistad, se hacen tus amigos y admiradores y te van conquistando poco a poco, hasta ir ganando tu confianza. Te hacen creer que eres la persona que han esperado toda su vida, te tratan con respeto, cariño y amabilidad desde el primer contacto.

Diariamente te dan una porción generosa de palabras amables y cariñosas, mandando mensajes positivos y contándote un poco de su vida, te comparten fotografías de sus viajes y eventos familiares sin que tú se los solicites.

Te hacen creer que están locos por conocerte en persona y que vendrán a verte a la ciudad donde radicas, sin importar la distancia donde te encuentres. Una vez ganada tu confianza y conquistado tu corazón empiezan a fraguar la forma en que serás estafada o estafado.

Los llamados *scammers* son hombres y mujeres que trabajan en equipo, son estafadores profesionales y están entrenados para conquistar tu corazón. En algunas ocasiones ni siquiera son hombres con los que estás chateando, sino mujeres que fueron entrenadas especialmente para hablar el lenguaje que conquista a una mujer. En el caso de conquistar a los hombres siempre habrá pláticas subidas de tono y fotografías sugerentes y provocativas, contactan a sus víctimas por diferentes plataformas, algunos medios cobran por inscripción y otros son gratuitos, unos son confiables, pero la mayoría no lo son.

Normalmente son extranjeros y usan traductores para facilitar la comunicación con su víctima, pero siempre utilizan el lenguaje del amor.

Ahora sé que son entrenados para ese fin y enamorar a sus víctimas.

CAPÍTULO XIV

MI BÚSQUEDA POR ENCONTRAR JUSTICIA

Mi búsqueda por encontrar justicia me llevó a enterarme de todo esto demasiado tarde para mí, pero gracias a esta búsqueda por fin encontré el propósito de haber pasado por esta experiencia. En esta búsqueda entendí que nada de lo sucedido había sido casualidad, y que mi deseo de ayudar a otras mujeres era genuino. Me puse en contacto inmediatamente con algunas instituciones que yo desconocía. Lamentablemente, por la poca difusión que tienen son del desconocimiento de muchas víctimas. Establecí contacto con algunas de las pocas instituciones existentes actualmente.

Entre ellas, y creo yo que es la más importante, está la Policía Cibernética, que desafortunadamente no cuentan con ella en muchos países, pero a través de este libro y otros medios compartiré datos importantes para informar, educar y prevenir a futuras víctimas de las garras de los estafadores o *scammers* que operan a través de internet.

A continuación, les proporcionaré información de dónde pueden solicitar ayuda. Se recomienda tener en cuenta algo muy importante, que antes de bloquear a los estafadores tienen que llamar a la policía cibernética para que puedan ser rastreados, ya que esta institución cuenta con la tecnología necesaria para localizarlos.

El delito cibernético en todas sus modalidades y en diferentes tipos de plataformas se ha hecho cada día más común y afecta a millones de personas, en su mayoría adultas en todo el mundo.

Por ejemplo, en la Ciudad de México, a partir del 22 de septiembre del 2020, se establecieron castigos para toda persona que sin autorización utilice información privada, robo de identidad, transacciones dudosas de compra y venta de mercancía, sabotaje informático, etc. Las penas son de seis meses a tres años de prisión y multas de ciento cincuenta a doscientos cincuenta días.

Todos ustedes pueden ampliar esta información a través de Google y otros buscadores. Lamentablemente, estas sanciones, por ahora, no operan en todo el mundo, pero pronto será necesario adoptarlas al nivel global.

Otro ejemplo es la seguridad cibernética en Estados Unidos. Afortunadamente, en este país se prevén con estadísticas todas las tendencias actuales y futuras y los datos son confiables y alentadores, ya que cuentan con equipos muy sofisticados para localizar a personas que realizan fraudes por diferentes plataformas. En este país cuentan, además, con el apoyo del Buró Federal de Investigaciones, conocido como FBI.

En algunos estados de la Unión Americana se cuenta con programas de ayuda psicológica a las víctimas de fraudes; ya que, aunque parezca increíble, el daño emocional en algunas personas perdura por largo tiempo con síntomas de ansiedad, depresión, pérdida de autoestima, entre otros problemas colaterales al fraude, como problemas legales, económicos, y familiares.

Confiando en que este libro será editado en diferentes países de habla hispana, mi sugerencia es que acudan a la policía de su localidad y pidan información sobre si existe en su región el apoyo de la policía cibernética en apoyo a su comunidad, ya que como les comenté anteriormente las técnicas de investigación son sofisticadas y los equipos que utilizan son de alta tecnología.

El personal de la policía cibernética tiene que ser entrenado y calificado en este tipo de búsqueda y rastreo, y no todos los países cuentan con presupuestos para crear un operativo de esta magnitud.

La forma más fácil que encontré es a través de Google, ya que no podría compartir aquí todos los enlaces existentes por país, pero lo que sí puedo es darles información de que existen estas instituciones de apoyo y que pueden acudir a ellas a solicitar ayuda policial, así como psicológica.

Oficinas de apoyo en Estados Unidos:

- Comisión Federal de Comercio de los Estados Unidos

   Servicio telefónico en español: 1877 382 4357

- Comisión Federal de Comunicaciones en Estados Unidos
Servicio telefónico en español: 1888 225 5322

- Servicio de Salud Mental para Ayuda Psicológica
Servicio telefónico en español: 1888 628 94 54

Todos estos servicios trabajan de lunes a viernes de 8:00 am a 8 pm (EST)

Para más información: www.usa.gov

Ayuda en la Ciudad de México: Acudir a la Policía Cibernética más cercana a tu localidad o llamar al teléfono: 55 5242 5106 ext. 5086

En otros países de Latinoamérica o Europa:

Buscar en Google los servicios de apoyo de acuerdo a su localización geográfica. Espero que esta información sea de utilidad para todos ustedes.

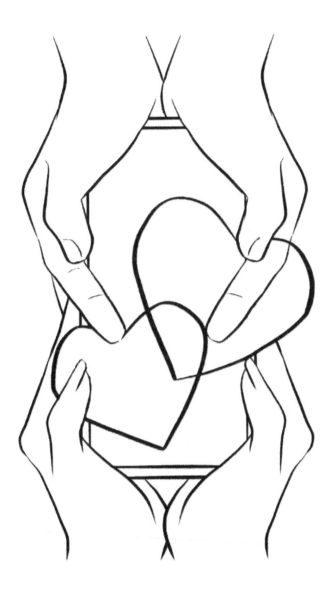

CAPÍTULO XV

MI MISIÓN DE SOLIDARIDAD

Este mensaje de solidaridad será transmitido a través de este libro, superando la idea de ser juzgada y criticada por haber sido víctima del engaño dc expertos *scammers*.

Decidí contar mi historia, ya que esta también podría ser tu historia, y por esa razón he sido invitada a dar mi testimonio de forma voluntaria y gratuita a diferentes grupos cristianos y seculares, tanto de mujeres como de hombres, para alertar, informar, educar y proporcionar orientación para saber a dónde acudir a denunciar este tipo de casos.

Cabe mencionar que también pretendo contar con el respaldo de instituciones gubernamentales del lugar en donde yo radico para dar mayor difusión a este programa de ayuda a la comunidad, ya que lamentablemente es desconocido por muchas víctimas y cada vez son más frecuentes los casos de robo de identidad y soborno, tanto a empresas o como a personas naturales. Se trata de delitos que deben ser castigados, pero muchos no son denunciados por sus víctimas, ya sea por vergüenza a ser juzgados ante la familia y círculo social o, en el peor de los casos, porque desconocen dónde acudir para pedir ayuda, apoyo y orientación.

También tengo que mencionar que no todos los testimonios que he conocido a través de esta búsqueda de información para educar y alertar han sido de fraudes. De forma casi involuntaria he conocido casos más afortunados que se han dado a través de las redes sociales, pero esos testimonios merecen un libro aparte, los cuales contaré una vez que cuente con el permiso y autorización de las personas que han vivido estas fascinantes historias.

En un futuro no lejano estaré publicando mi segundo libro en el que incluiré estos relatos, narrados directamente por sus protagonistas. Algunos son dignos de ser llevados a la pantalla, y otros a las cortes, pero todos llevan un mensaje de amor, resiliencia y fe para la humanidad. No persigo más que la esperanza de motivar a mis lectores para que persigan sus sueños inspirándose en casos de la vida real, y también invitarlos a escribirme y compartir sus experiencias que podrán ser incluidas en mi próximo libro.

Dejaré aquí un correo electrónico para que me escriban y compartan sus propias historias.

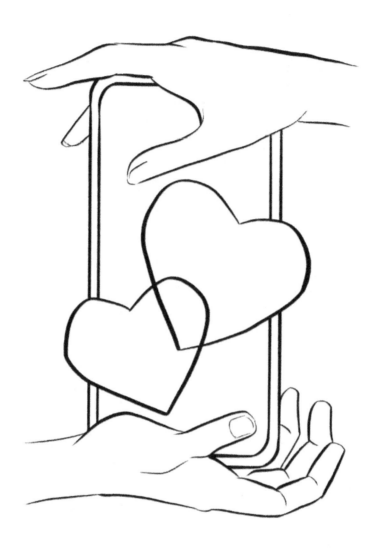

CAPÍTULO XVI

MENSAJE DE HASTA PRONTO

Quiero dejarlos con un grato sentimiento de esperanza, pero también de intriga, ya que, si tú crees que mi amor virtual quedó en el olvido, te equivocas. De esta historia se desprende de forma inesperada y sorpresiva otra historia paralela a la primera.

En mi próximo libro descubrirás la trama de esta fascinante historia que aún no tiene final. Pero sí tendrá el mismo título, escrito por la misma autora y tal vez con diferente portada, pero con los mismos personajes centrales de la historia inicial y otros nuevos e interesantes participantes de esta trama que como he mencionado, aún no termina.

El deseo de mi corazón es que este libro sirva para inspirar, informar y alertar a otras mujeres y hombres para no caer en las garras de estos estafadores cibernéticos llamados *scammers*.

Los invito a compartir esta historia y unirse como portavoces para difundir y apoyar a otras personas que pudieran ser víctimas de una situación de robo de identidad u otras modalidades de fraude cibernético, con el fin de que levanten la voz y compartan con personas cercanas sus experiencias.

Si lo deseas puedes escanear con tu Teléfono Móvil este
Código QR para tener acceso Al video

AGRADECIMIENTOS

Mi agradecimiento eterno siempre será primero para mi Dios, por usarme como un instrumento, como un vehículo y canal de bendición para educar y despertar conciencia de los beneficios y peligros del uso y abuso inapropiado de las redes sociales, ya que pueden ser un arma de doble filo.

Dios nos ha dado libre albedrío para tomar decisiones, pero en su infinita misericordia y amor también nos ha alertado a ser sabios en nuestras propias decisiones.

Eternamente agradecida por su inefable amor para mí y mi familia. Gracias Padre celestial.

De forma muy especial reitero mi gratitud a mi amigo, mentor y maestro Francisco Navarro Lara, así como su encantadora y dulce esposa Paqui Gavilán y su eficiente equipo.

Estoy absolutamente convencida de que nadie se cruza en nuestra vida por casualidad y que los tiempos de Dios son perfectos. De esa forma y en los tiempos perfectos apareció el profesor Francisco Navarro Lara para cientos de personas a las cuales ha cambiado su vida en forma maravillosa.

Para mí, en lo personal, Francisco más que un motivador es un inspirador de almas. Gracias Maestro por tu generoso aporte a mi crecimiento intelectual, espiritual y por despertar a la escritora que llevaba dentro de mí desde muy jovencita. Gracias por motivarme a escribir esta historia, que seguramente me inspirará para escribir muchas otras más.

Infinitamente agradecida a mis ángeles y entrañables amigas, Verónica Ramírez, Paola López Cerdán y Mary Carmen Andere Chávez. Mi agradecimiento a Pilar Vidal por su invaluable apoyo que recibí de forma desinteresada y amorosa por el simple deseo de ayudar y que mi sueño se haga realidad, al dar a luz a este hijo de papel llamado LIBRO.

Made in the USA
Columbia, SC
01 July 2022

62573632R00059